RELATION

DU PASSAGE PAR LAVAL

De S. A. R.

Madame

la Dauphine.

Laval,

Feille-Grandpré, Imprimeur du Roi.

PROCLAMATIONS.

L̲E MAITRE DES REQUÊTES, PRÉFET DE LA MAYENNE,

A ses Administrés.

HABITANS DE LA MAYENNE,

L'AUGUSTE Fille de nos Rois va visiter ce département; Son Altesse Royale Mme la Dauphine, venant de Rennes et se rendant au Mans, daigne s'arrêter à Laval dimanche 16 septembre. Votre empressement respectueux vous guidera de toutes parts sur son passage, et vos acclamations, dictées par le plus vif enthousiasme, salueront la Fille de Louis XVI et la noble Épouse du Libérateur de l'Espagne. Les plus touchans et les plus glorieux souvenirs se réunissent pour inspirer les sentimens que vous ferez éclater; et l'hommage de tant de cœurs dévoués, qui entoureront Son Altesse Royale, lui rappellera que la Mayenne fût toujours une contrée fidèle.

Vive le Roi! vive Madame la Dauphine! vive l'auguste Famille des Bourbons!

Laval, le 6 septembre 1827.

A. DE FRESLON.

Le Maire de Laval

A ses Administrés.

Habitans de Laval,

C'EST le dimanche 16, après midi, que Madame la Dauphine fera son entrée dans votre heureuse ville. Déjà Son Altesse Royale sait que vous fûtes toujours fidèles, et qu'en courbant la tête sous l'oppression, nos cœurs soupiraient pour le retour de nos Princes légitimes. Elle sait que si Laval est renommé par son commerce, il l'est surtout par la loyauté, qui en est la base, et que la bienfaisance est le luxe de ses habitans. C'est plus particulièrement encore celui de la Princesse au-devant de laquelle nos cœurs ont déjà volé ; toutes les vertus sont héré-ditaires dans cette auguste Famille de Rois, et Madame la Dauphine nous en offre la touchante réunion. Lorsque, le 22 juin 1814, Monseigneur le Dauphin passa par notre ville, un enthousiasme universel accompagna ses pas ; il daigna en expri-mer sa satisfaction, pendant que nous regrettions de ne pas voir près de lui celle qui veut bien se rendre aujourd'hui à nos vœux. Sans doute vos transports seront les mêmes ; les fleurs joncheront son passage, le drapeau sans tache flottera à toutes les fenêtres, la joie éclatera de mille manières, et, de retour dans la capi-tale, elle dira au Roi, ou plutôt au père de ses sujets : Il est des villes où j'ai été reçue avec plus de magnificence, mais il n'en est point où j'aie trouvé plus de cordialité, plus d'amour !

Vive le Roi ! vive Madame la Dauphine ! vivent les Bourbons !

En mairie, le 6 septembre 1827.

Le Maire de Laval, DE HERCÉ.

RELATION

DU PASSAGE PAR LAVAL

De S. A. R.

Madame la Dauphine.

L E 16 septembre sera un jour mémorable pour les habitans de la Mayenne ; dans ce jour, les vœux qu'ils formaient depuis si long-temps ont été enfin exaucés ; dans ce jour, l'auguste Princesse, objet de tous les sentimens d'amour et de vénération des Français, Mme la Dauphine est venue visiter la ville de Laval. Cette pieuse cité, toujours si dévouée à ses Rois, n'a joui que bien rarement de l'avantage de les posséder dans ses murs. Elle a conservé le souvenir du passage de Charles VIII et de celui de la Duchesse Anne de Bretagne, et garde aussi la mémoire du séjour qu'y fit le bon Henri : c'était seulement après le fléau d'une révolution qu'il lui devait être accordé de revoir ses Princes ; dans l'année de la restauration, le Duc d'Angoulême vint mettre le comble au bonheur des Manceaux, en visitant la Mayenne. Le Prince fit son entrée à Laval le 22 juin 1814 ; et au milieu des transports d'allégresse qui avaient éclaté partout sur son passage, Son Altesse Royale voulut bien témoigner qu'elle avait remarqué l'enthousiasme des Lavallois. Aux souvenirs qu'a laissé cette époque, désormais se joindront ceux que la journée du 16 septembre a gravés dans nos cœurs.

3

Dans les derniers jours d'août, nous avions appris que Mme la Dauphine ferait un voyage dans l'Ouest, et l'on ne tarda pas à savoir que Laval était une des villes où elle daignerait s'arrêter. Dès lors tout fut en mouvement pour faire les préparatifs d'une réception qu'on aurait voulu rendre digne de la fille de nos Rois. Mais d'insurmontables difficultés s'opposaient à l'exécution des brillans projets que chacun se plaisait à imaginer pour solenniser ce beau moment. Depuis deux ans notre ancien hôtel de ville est abattu, et l'édifice qui doit le remplacer s'élève à peine encore au-dessus du sol. L'hôtel de la préfecture devant être le logement de Son Altesse Royale, la ville n'offre aucun autre local convenable pour les fêtes qu'on aurait voulu donner; il fallut se résigner à espérer que le simple spectacle de l'allégresse publique, que la naïve expression des vœux d'un peuple fidèle suffiraient pour faire connaître à la Princesse de quels sentimens d'amour, de respect et de dévouement les Lavallois sont pénétrés. Le maire dut faire savoir à ses administrés qu'on devait se borner à ces seuls témoignages d'un inviolable attachement, que tant d'épreuves, d'ailleurs, avaient déjà fait apprécier. Alors le conseil municipal assemblé vota, d'une acclamation unanime, une distribution extraordinaire aux indigens, afin que, du moins pendant le séjour de la Princesse, chacun, libre de soins, pût jouir du bonheur de sa présence.

A peine avait-on annoncé le passage de Mme la Dauphine, que tout autre sujet d'entretien, je dirais presque toute autre occupation avaient cessé dans la ville. Chacun, comme pour une réjouissance de famille, s'empressait de décorer sa demeure. Là même où manquait le nécessaire, *la propreté*, *luxe de l'indigence*, parvenait encore à donner un air de fête au plus pauvre réduit. En même temps des arcs de triomphe s'élevaient sur plusieurs points. L'un sur la route de Rennes, à l'endroit appelé *le haut de Beauvais*, formait un ceintre de verdure soutenu par d'élégantes colonnes revêtues de mousse. Un autre, au centre de la ville, figurait trois arcades en pierre de taille, dont les lignes s'accordaient avec les beaux parapets de granit qui bordent notre nouveau pont. Il portait d'un côté cette inscription : *Aux Bourbons.—A Charles X, le Bien-Aimé;* de l'autre côté, une branche de lis entourait ces mots : *le Ciel nous les rendit, le Ciel veille sur eux !* Un autre arcade triomphe, formé de drapeaux blancs et de guirlandes, s'élevait sur la route du Mans, que devait suivre la Princesse à son départ. Il est inutile de dire que toutes les maisons étaient pavoisées, ornées d'emblèmes et de devises, parées de draperies, de feuillages et de fleurs. Mais ce qui donnait à la ville un aspect vraiment remarquable, c'était la longue tenture de toiles d'une blancheur éclatante, suspendues en voûte au-dessus des rues. Ce toit léger et demi-transparent, voilant les rayons du soleil, donnait à tous les objets une teinte plus douce. C'est seulement à de rares époques, et pour solenniser ses plus grandes fêtes, que Laval étale cette décoration, dont il serait mal aisé à toute autre ville en France d'offrir le singulier spectacle. Ces toiles sont prêtées par le commerce de Laval, qui, comme on le sait, en fait des envois dans toutes les parties du monde.

« La veille du jour desiré, on commença à voir arriver les habitans de Mayenne, de Château-Gontier et de tous les environs ; et bien que chaque Lavallois eut accueilli des hôtes, les auberges furent toutes encombrées.

« Enfin, le 16 septembre vint. Dès le point du jour la foule des paysans couvrit toutes les routes. Cette population fidèle qui, au jour du danger, s'était levée pour défendre le Trône et l'Autel, ne pouvait manquer d'accourir dans un tel moment. Elle y devait avoir sa place ; car elle pouvait dire avec l'héroïne de Domremy : *Nous avons été à la peine, c'est bien raison que nous soyons à la fête.*

« On n'attendait Mme la Dauphine que vers le soir, et cependant, avant deux heures de l'après-midi, le clergé et les autorités civiles et militaires du département étaient déjà réunis à l'hôtel de la préfecture. Mr le premier président de la cour royale d'Angers ; Mr de Farcy, président de chambre et député ; les autres députés de la Mayenne ; les tribunaux de Mayenne et de Château-Gontier ; les sous-préfets de ces deux arrondissemens, et le maire de Château-Gontier, s'étaient rendus à Laval. Chacun s'était empressé d'occuper son poste. Il semblait qu'en se tenant prêt long-temps d'avance on hâtait le moment si impatiemment désiré. Le corps municipal ne s'était point rendu à la porte de la ville, suivant l'usage ; le maire l'avait réuni aux autres corps, d'après l'ordre exprès de la Princesse.

qui, ne devant faire qu'un très-court séjour à Laval, avait voulu consacrer à la population entière tous les momens qui auraient été employés à remplir les formes ordinaires du cérémonial. Par le même motif, les harangues ne devaient point être prononcées, mais remises par écrit à Son Altesse Royale.

Vers quatre heures après midi (une heure plutôt qu'on ne l'espérait), un courrier arriva à la préfecture annonçant que Mme la Dauphine venait d'entrer dans la ville; mais elle tarda long-temps encore à paraître; sa voiture, que précédaient seulement deux cavaliers, ne s'avançait que bien lentement au milieu de cette foule immense qui se pressait sur son passage. L'effet que son aspect avait produit est impossible à décrire. Tout ce qui semblerait une exagération reste encore au-dessous de la vérité: *Vive le Roi ! vive Madame la Dauphine !* ce cri partit du fond du cœur; dix mille voix le prononçaient ensemble avec un enthousiasme qui allait jusqu'au délire. On se précipitait au milieu des chevaux, devant les roues de la voiture. « Nous voulons la voir; nous voulons la voir ! »—Vous vous ferez blesser, criaient les gardes ! — Peu nous importe, répondait la foule, à tout prix nous voulons la voir ! — Voyez comme elle regarde le pauvre peuple avec amitié !.. Voyez comme elle nous salue grâcieusement ! Oh qu'elle paraît bonne ! Oh qu'elle est belle ! » — Telles étaient les naïves et franches expressions par lesquelles nos bons Manceaux s'efforçaient d'exprimer leurs sentimens de vénération et d'amour ; et ce fut au milieu de ce concert de bénédictions, de ces élans d'allégresse, que la Princesse arriva à l'hôtel de la préfecture. M^r le lieutenant-général Donnadieu, commandant de la division militaire, et M^r le maréchal-de-camp marquis de Breuilpont, étaient à cheval aux portières; une escorte de vingt-cinq cavaliers suivait la voiture. Mr de la Broise, brigadier des gardes du corps, en congé à Laval, s'était joint au cortége. Il n'y avait pas d'autre troupe sous les armes.

Mme de Freslon, Mr de Freslon, préfet de la Mayenne, Mr de Hercé, maire de Laval, s'avancèrent pour recevoir Son Altesse Royale à la descente de la voiture, et la conduisirent dans ses appartemens.

Après s'être entretenue un instant avec M^r le préfet, après avoir témoigné à M^r le maire combien elle était satisfaite de la réception des Lavallois, la Princesse, sans vouloir prendre un instant de repos, donna l'ordre qu'on introduisît le clergé et les autorités. Elle les accueillit avec une extrême bienveillance, adressant à chaque chef de corps des paroles pleines de grâce et de bonté. Elle daigna s'informer de la santé de l'évêque du Mans, que son état de maladie empêchait de paraître à la tête du clergé. Puis elle dit au président du tribunal civil de Laval : « Avez-vous beaucoup d'occupation, monsieur? Ce bon peuple « ne doit pas aimer les procès. » Son Altesse Royale s'entretint long-temps surtout avec le président du tribunal de commerce. Après lui avoir fait plusieurs questions, elle ajouta : « Il a « fallu une immense quantité de toiles pour faire cette tenture « qui donne aux rues un si charmant coup d'œil! C'est l'annonce « de la richesse de vos fabricans. Je désire vivement que votre « commerce continue de prospérer. — Nous l'espérons, Ma- « dame, a répondu le président; le bonheur de vous voir doit « être pour nous l'annonce d'un heureux avenir. » La Prin- cesse daigna reconnaître, parmi les conseillers municipaux qui lui furent présentés, l'auteur de l'Histoire de la Chouannerie, qui avait eu l'honneur de lui présenter son ouvrage à Paris ; elle eut la bonté de lui dire qu'elle avait lu cet ouvrage avec beaucoup d'intérêt.

Je ne dois pas omettre de dire que MM. les députés de la Mayenne, M^r le premier président de la cour royale d'Angers , M^r le colonel de recrutement , M^r le secrétaire général de la préfecture, MM. les sous-préfets , MM. les conseillers de pré- fecture, M^r le maire de Château-Gontier , furent présentés in- dividuellement, et accueillis avec distinction.

Les présentations finies , Son Altesse Royale demanda la liste des établissemens publics , et résolut de visiter aussitôt l'hô- pital Saint-Joseph , où sont soignés les malades , et l'hôpital Saint-Louis , consacré aux vieillards et aux enfans des pauvres. On crut devoir faire observer à la Princesse que les rues qui conduisaient à Saint-Joseph étaient fort étroites, et que l'escorte ne pourrait pas entourer la voiture. — « Mais la voiture pourra « passer seule, dit Son Altesse Royale ; partons tout de suite ; « l'escorte n'est pas nécessaire. » Une calèche découverte était préparée ; Mme la Dauphine y monta avec ses dames , et voulut que Mme de Freslon y prit place. Mr le préfet, Mr le maire, Mr le lieutenant-général Donnadieu et Monsieur le marquis de Breuilpont suivirent à pied.

A l'entrée de l'hôpital Saint-Joseph, la rue étant fort étroite, un gendarme à pied, bien qu'il se tînt serré près d'une borne, fut sur le point d'être touché par une des roues de la voiture. La Princesse s'en aperçut et poussa un cri d'effroi. « J'ai tremblé « pour ce malheureux, dit-elle; pourquoi m'a-t-on donné une escorte ? Je l'avais défendu. » A peine Son Altesse Royale fut-elle descendue dans la cour de l'hôpital, qu'elle chargea le lieute-nant-général Donnadieu de savoir si le gendarme n'avait pas été blessé, répétant qu'elle ne voulait pas que l'escorte l'entourât. Heureusement le gendarme n'avait eu aucun mal.

Mme la supérieure des dames hospitalières qui dirigent l'éta-blissement de Saint-Joseph, et MM. les commissaires chargés de l'administration gratuite des deux hospices, vinrent recevoir Mme la Dauphine et l'introduisirent dans l'intérieur du cou-vent, où d'abord elle se fit conduire au Chœur des religieuses. L'encens et l'eau bénite lui furent présentés par Mr l'abbé Cor-mier, chapelain du Comte d'Artois pendant l'émigration, et maintenant aumônier de Saint-Joseph. Son Altesse Royale se mit à genoux et pria dans un pieux recueillement, tandis que l'on chantait le *Domine, salvum fac Regem.* Ensuite elle se rendit dans les salles des malades. Plusieurs personnes de la ville, étant parvenues à s'y faire admettre, embarrassaient le passage, ne songeant qu'à satisfaire leur désir de voir la Princesse. Celle-ci le remarqua : « J'aurais désiré, dit-elle, ne trouver ici que les « malades et ceux qui leur rendent des soins ; je ne suis venue « que pour eux ; » et elle répéta plusieurs fois : « J'ai peur « que cette foule n'incommode les malades. » Elle s'approcha de leurs lits en leur adressant des paroles de bonté et de conso-lation. Ces pauvres gens, troublés et attendris, ne savaient trouver que des larmes pour réponse ; mais, pour cette fois, dans l'asile de la souffrance, la joie seule les faisait couler ; car, en ce moment, on eût dit qu'un pouvoir céleste avait suspendu toutes les douleurs.

Mme la Dauphine, après avoir daigné s'entretenir quelques instans avec Mme la supérieure, se rendit à l'hôpital St-Louis.

De même qu'à son entrée dans la ville, les acclamations d'un peuple enivré de bonheur, saluèrent d'un hommage d'enthousiasme et d'amour le passage de la Princesse. Je ne pourrais que répéter ce que j'ai déjà dit, les paroles manquent pour peindre les transports d'une telle allégresse.

Son Altesse Royale fut reçue à Saint-Louis, avec le même cérémonial qu'à Saint-Joseph, et commença également par se rendre à l'église pour prier. Lorsqu'elle en sortit, elle trouva, rangés en cercle dans la cour, ornée de feuillages et de guirlandes, les quatre-vingts pauvres vieillards qu'entretient l'établissement, puis les cent enfans de familles indigentes, qui y sont élevés et y font apprentissage d'un métier. La Princesse fit lentement le tour du cercle, trouvant dans son cœur des paroles de bienveillance pour tous. Un jeune garçon, sortant des rangs, fléchit le genoux et présenta une branche de lis. « Mon enfant, « dit Son Altesse royale, on ne se met à genoux que devant « Dieu. » Mais l'enfant gardait toujours la même posture ; on fit alors connaître à Mme la Dauphine qu'il était sourd et muet. « Pauvre malheureux, que je te plains, dit-elle. » Elle prit la branche de lis et la tint dans sa main pendant tout le reste de la visite.

Mme la supérieure générale des sœurs de la congrégation d'Évron, alors en tournée à Laval, Mme la supérieure de Saint-Louis, et MM. les administrateurs, donnèrent à Son Altesse Royale plusieurs renseignemens qu'elle demanda sur l'ordre et la tenue de la maison. Elle témoigna en être satisfaite. Elle eut aussi l'obligeance de s'informer du doyen des administrateurs, depuis combien de temps il remplissait ses fonctions. Mr de Champorin répondit qu'il en était chargé depuis 27 ans ; mais que ce moment seul suffisait pour le récompenser des soins qu'il avait donnés.

Mme la Dauphine eut à traverser de nouveau l'immense concours de ce peuple *affamé de la voir.* Elle rentra à la préfecture, et se retira enfin dans ses appartemens. Ce fut donc seulement après avoir prié dans les églises, consolé les malades, visité les pauvres, que la Fille des Bourbons crut pouvoir se reposer des fatigues d'un long voyage, prenant ainsi sa part aux travaux de ce *métier de Roi,* auquel le ciel a dévoué sa famille.

Vers l'heure du dîner , Son Altesse Royale descendit dans les salons où se trouvaient alors réunis ceux d'entre les fonctionnaires et les principaux habitans du département désignés pour être admis à l'honneur de dîner à la table de la Princesse. Elle daigna s'entretenir avec la plupart d'entre eux. S'étant fait présenter M. de Pontfarcy , ancien mousquetaire , puis chef d'une division royaliste dans les cent jours, elle lui dit qu'elle connaissait le dévouement dont il avait si souvent donné des preuves , et qu'elle se félicitait d'avoir occasion de l'en remercier. Elle s'entretint également avec M. le marquis de Bailly , députe de la Mayenne, M. Nibelle, procureur du Roi , M. le chevalier de Hercé, maire de Mayenne et député, et donna à l'oncle de ce dernier , l'ancien évêque de Dol, un souvenir de vénération. Elle daigna aussi témoigner qu'elle remarquait l'absence de M. Léon Leclerc, député, que des pertes douloureuses et récentes tenaient éloigné de cette réunion. Elle dit encore de nouveau à M. le maire de Laval combien elle était satisfaite de l'accueil de ce bon peuple de la Mayenne ; enfin , tous ceux qui eurent le bonheur d'approcher la Princesse ont pu garder dans leur cœur , au milieu des souvenirs du contentement général , un souvenir particulier de sa bienveillance.

Pendant le dîner, le corps de musique de Laval ; composé de quelques artistes et de plusieurs jeunes gens des premières familles de la ville , fit entendre les airs devenus chers aux Français par les idées qu'ils rappellent. Durant ce temps, les vastes salons de la préfecture se remplissaient de la foule brillante de nos dames accourues de tous les points de la Mayenne. La Princesse avait permis qu'elles lui fussent présentées dans la soirée, lorsqu'elle viendrait entendre une cantate dans laquelle on avait essayé de peindre les sentimens dont tous les cœurs étaient remplis. Au milieu de cette réunion de femmes éclatantes de parure, les regards s'arrêtaient avec intérêt sur quelques dames, dont l'âge avancé, le costume simple et sévère, la toilette d'une autre époque témoignaient que depuis long-temps elles étaient restées étrangères aux frivolités du monde. On ne pouvait penser que ce fût l'attrait d'une vaine curiosité qui les conduisit en ce lieu; un air de pieuse joie, qui se peignait sur leur physionomie , disait assez qu'elles avaient cru remplir une sorte de devoir religieux, en venant contempler l'auguste Fille de nos

Rois, pour qui, depuis tant d'années, elles n'avaient cessé d'invoquer le ciel.

Son Altesse Royale avait hâté la fin du dîner, en disant avec bonté : « Je sais que des dames sont rassemblées dans les salons; je ne veux pas les faire attendre. » Lorsque les portes s'ouvrirent pour laisser entrer la Princesse, tout le monde se leva d'un mouvement spontané; mais, à son aspect, et lorsqu'elle daigna saluer deux fois en s'avançant au milieu de l'assemblée, une sorte de saisissement s'empara de toutes les dames et les fit demeurer immobiles; ce muet hommage d'un profond respect fut sans doute apprécié de Son Altesse Royale, qui commença aussitôt à parcourir le cercle, en adressant quelques mots affectueux aux dames qui lui étaient présentées par Mme de Freslon. Plusieurs d'entre elles, à qui la Princesse daigna faire quelques questions obligeantes, furent tellement troublées par leur émotion, qu'à peine elles purent répondre en balbutiant quelques mots sans suite; mais leur embarras avait aussi son éloquence, et le cœur de celle qui le causait sait entendre un tel langage.

Toutes les dames ayant été présentées, Madame la Dauphine prit place au haut du salon pour entendre la cantate. La voix flexible et sonore de Mme Nibelle laissa entendre distinctement les paroles et sut leur donner une expression plus pénétrante; à ce vers : *Nous avons des cœurs pour l'aimer et des braves pour la défendre*, l'assemblée éprouva un moment d'enthousiasme qui n'échappa point à la Princesse, et peut-être répéta-t-elle intérieurement, *les Lavallois sont un bon peuple*, comme elle l'avait déjà dit plusieurs fois à haute voix, quand la population entière l'avait saluée de ses acclamations d'amour.

La cantate finie, Madame la Dauphine témoigna, de la manière la plus gracieuse, combien elle était satisfaite de l'hommage qu'on avait voulu lui rendre. Elle dit à Mme Nibelle : « Vous avez chanté à merveille, et votre voix est charmante. « Je sais que c'est votre mari qui a composé la cantate; j'ai « été touchée des sentimens qu'elle exprime. » On fit connaître à Son Altesse Royale que la musique était de la composition de Mr Ducoudray, riche banquier de Laval, et l'un des habitans les plus considérés. La Princesse voulut bien réitérer l'assurance de sa satisfaction, puis elle se rendit dans ses appartemens ; et chacun se retira , emportant dans son cœur l'heureux souvenir de cette belle journée.

La réflexion ajoute encore aux sentimens du contentement général. Pas un de ces accidens , si ordinaires au milieu d'une grande affluence de peuple, n'était venu troubler l'allégresse publique. La police n'avait point eu à déployer sa sévérité, pas même à faire entendre une parole de réprimande. L'escorte qui accompagnait la Princesse avait été seulement un cortége d'honneur.

Le département n'ayant dans ce moment d'autres troupes que le corps de gendarmerie , il fut seul chargé de faire le service auprès de Madame la Dauphine. Dès que les gendarmes avaient su à quel honneur ils allaient être appelés ; tous ces braves , dont plusieurs furent du nombre des fidèles Manceaux armés pour la cause royale , s'empressèrent de solliciter de leurs chefs la faveur d'être désignés pour faire partie de l'escorte de la Princesse ; et ceux qui ne purent être admis regardèrent ce malheur comme une punition. C'est justice de dire qu'au zèle et à l'activité que déploya la gendarmerie, elle sut joindre le mérite plus difficile de se montrer constamment remplie d'égards et de complaisance pour la foule qui l'entourait. Mr le capitaine commandant la gendarmerie était allé attendre Mme la Dauphine aux limites du département , et l'avait accompagnée jusqu'à son entrée à la préfecture. Les autres officiers sous ses ordres commandaient les divers pelotons de l'escorte. Lorsqu'ils furent présentés à Madame la Dauphine , elle leur témoigna à tous combien elle était satisfaite de leur service et de la bonne tenue du corps entier. Elle reconnut , au milieu du groupe d'officiers, M. Micalomier , ancien garde du corps de la compagnie d'Artois et maintenant lieutenant de gendarmerie à Laval ; elle daigna l'assurer de sa bienveillance.

Madame la Dauphine avait annoncé son départ pour six heures du matin. Bien avant ce temps , toutes les rues , sur la route qu'elle devait suivre, étaient remplies de la foule avide de jouir encore une fois du bonheur de la voir. Au moment du départ , Mr le Préfet présenta à Son Altesse Royale , au nom de la ville, un coupon de toile de la fabrique de Laval. Elle voulut bien en accepter l'hommage.

Mr le Marquis de Bailly qui , la veille, avait eu l'honneur

d'entretenir un moment Madame la Dauphine, avait obtenu d'elle la permission d'amener le matin, sur son passage, le vieux René Cottereau, frère de J. Chouan, et seul reste de la famille. M. le Préfet l'ayant présenté à Son Altesse Royale, elle l'accueillit avec bonté, lui dit qu'elle connaissait ce que les siens avaient eu à souffrir, et qu'elle en était profondément touchée. Voyant que le vieux soldat portait une médaille à l'effigie de Louis XVIII, elle voulut bien lui en remettre deux autres, l'une représentant Charles X, l'autre Monseigneur le Dauphin et Madame la Dauphine.

Guidée par les mêmes motifs qui, à son arrivée, l'avaient d'abord fait songer aux établissemens de charité, la Princesse, au moment de s'éloigner, reporta sa pensée sur les malheureux. Elle remit elle-même mille francs entre les mains de Mr le Préfet, pour être distribués aux pauvres.

Madame la Dauphine, en prenant congé de Mr et de Mme de Freslon, eut la bonté de se montrer satisfaite des soins qu'ils s'étaient donnés pour la recevoir, et elle exigea d'eux qu'ils n'essayassent point de suivre sa voiture. Elle partit alors et emporta avec elle les bénédictions de tout un peuple, pieux tribut que les puissans de la terre reçoivent pour prix de leurs bienfaits et de leurs vertus.

DISCOURS adressé à S. A. R. MADAME LA DAUPHINE, au nom du Clergé, par Mr Menochet, vicaire général de Monseigneur l'Évéque du Mans.

« MADAME ,

« Au milieu de l'allégresse d'un peuple fidèle, Votre Altesse
« Royale, si héroïque dans sa foi comme dans ses vertus, ne
« rejettera pas l'expression des vœux et des sentimens du
« clergé de Laval, qui donna des martyrs à la Religion et à la
« Royauté, et qui compte encore dans ses rangs des confes-
« seurs de la foi, échappés aux fureurs de la persécution et
« aux maux de l'exil.

« Nous sentons tous vivement, Madame, le bonheur qui
« nous est donné de contempler dans votre royale personne
« les traits augustes qui nous expriment, bien mieux que
« la renommée, les vertus qui font le bonheur de la France
« et l'ornement de la famille chérie pour laquelle tant de Fran-
« çais fidèles, dans cette ville et ces contrées, se firent gloire de
« verser leur sang.

« Nos temples retentissent et retentiront sans cesse des vœux
« et des cantiques adressés au ciel pour la gloire et la perpétuité
« du trône où Votre Altesse Royale est appelée à s'asseoir à
« côté du héros dont elle partage les destinées ; qu'elles soient
« heureuses, et la prospérité de l'Eglise et de l'Etat est assu-
« rée. »

---

*DISCOURS adressé par le Corps municipal de Laval à S. A. R.
MADAME LA DAUPHINE, à son passage par cette ville
le 16 septembre.*

« MADAME,

« LORSQUE Votre Altesse Royale daigna s'arrêter à Angers,
« une députation du corps municipal de Laval porta à vos pieds
« l'hommage de ses habitans et le vœu de vous posséder aussi sur
« cette terre classique de la fidélité et de la religion. Ils sont
« comblés ces vœux si ardens, puisque nous avons le bonheur
« de voir au milieu de nous l'auguste Princesse, objet de notre
« amour ; et dans notre allégresse nous n'avons qu'un regret,
« celui de n'avoir pas encore un hôtel de ville où offrir à Votre
« Altesse Royale une fête qui fût digne d'elle. La présence de la
« Fille de tant de Rois eût embelli, et, pour ainsi dire, consacré
« notre nouvel édifice, en daignant y passer quelques instans.
« Nous eussions été fiers de montrer aux étrangers l'endroit
« qu'elle aurait honoré de ses pas, et de leur dire : c'est là qu'a
« daigné se reposer l'illustre Fille de Marie-Thérèse, celle que
« ses vertus, autant que sa naissance, ont placée si près du trône
« du meilleur des Rois !

« *Vive le Roi !, vive Madame la Dauphine ! vivent les Bourbons !*

DISCOURS adressé à S. A. R. MADAME-LA DAUPHINE, par M^r le Président du Tribunal civil de l'arrondissement de Laval.

« MADAME ,

« LE tribunal de première instance de Laval jouit avec une
« profonde émotion de l'honneur d'être admis à vous présenter
« ses respectueux hommages.

« Votre Altesse Royale a la bonté de céder aux vœux de nos
« provinces , de venir contempler la prospérité et la félicité
« dont elles ont repris la douce habitude , et de leur permettre
« de lui faire entendre leurs acclamations.

« Nous partageons l'ivresse d'un département qui s'empressa
« toujours de faire éclater sa fidélité ; le bonheur de voir au
« milieu de nous l'auguste fille de Saint-Louis nous anime d'une
« nouvelle ardeur pour l'accomplissement de nos devoirs, le
« triomphe de la justice , et le service de Sa Majesté. »

Lors de la présentation des autorités, au moment où le
corps des magistrats se retirait, Madame la Dauphine demanda
particulièrement M^r le Procureur du Roi. Celui-ci s'étant avancé,
crut s'apercevoir que la Princesse l'invitait à prendre la parole.
Son émotion ne lui permit de dire que ce peu de mots :

« Les gens du Roi ont pour Madame la Dauphine tout le dé-
« vouement des habitans de la Mayenne. Je suis heureux de
« pouvoir assurer Son Altesse Royale de notre inviolable fidé-
« lité. »

DISCOURS prononcé par J. LE GENTIL, Président du tribunal de commerce de Laval.

« MADAME LA DAUPHINE ,

« LES tribunaux de commerce de Laval et de Mayenne
« viennent offrir à Votre Altesse Royale l'hommage respectueux

« de leur dévouement, et lui témoigner leur joie de posséder
« dans cette ville l'auguste princesse de la plus illustre dynastie
« de l'Europe.

   « Daignez, Madame, agréer les vœux qu'ils ne cessent de
« faire pour votre félicité.

   « Vive le Roi ! vive Madame la Dauphine ! vivent les Bourbons !

Cantate.

A Madame la Dauphine, le 16 Septembre 1827.

Sur un char, entouré de la publique ivresse,
Quelle est donc, dans nos murs, cette auguste Princesse ?
J'admire de ses traits la douce majesté,
Mélange de grandeur, de grâce et de bonté.
Du village désert, accouru vers la ville,
Le vieillard a quitté sa demeure tranquille.
La Mayenne jamais n'entendit, sur ses bords,
Éclater, à la fois, tant de nobles transports.

     La fille de nos Rois s'avance.
     Nos cœurs attendaient ce beau jour.
     Elle ajoute, par sa présence,
     Un nouveau titre à notre amour.

     Thérèse, enfin devait se rendre
Aux vœux que notre orgueil osa long-temps former ;
     Nous avons des cœurs pour l'aimer,
     Et des braves pour la défendre.

Le ciel qui connaît ses bienfaits,
A veillé sur ses destinées ;
Et , par les heureux qu'elle a faits,
Elle peut compter ses journées.

C'est notre ange consolateur ;
    Dans l'éclat qui l'environne,
      Elle est , auprès du trône ,
La providence du malheur.

La fille de nos Rois s'avance.
Nos cœurs attendaient ce beau jour.
Elle ajoute , par sa présence ,
Un nouveau titre à notre amour.

Réjouis-toi cité fidèle ;
Laisse flotter nos vieux drapeaux :
Ne crains pas de montrer ton zèle
A l'Héroïne de Bordeaux.
Sur tout un peuple qui l'adore
Elle jette un regard si doux !
Son auguste front brille encore
De la gloire de son époux.

La fille de nos Rois s'avance.
Nos cœurs attendaient ce beau jour.
Elle ajoute , par sa présence ,
Un nouveau titre à notre amour.

I

103

www.ingramcontent.com/pod-product-compliance
Lightning Source LLC
LaVergne TN
LVHW050253030726
842520LV00006B/2336